AF221616

Impressum
Verlag: BABADADA GmbH, Nedderfeld 112 , 22529 Hamburg
Geschäftsführer / Verlagsleitung: Harald Hof
Druck: Books on Demand GmbH, In de Tarpen 42, 22848 Norderstedt

Imprint
Publisher: BABADADA GmbH, Nedderfeld 112 , 22529 Hamburg, Germany
Managing Director / Publishing direction: Harald Hof
Print: Books on Demand GmbH, In de Tarpen 42, 22848 Norderstedt

škola

school

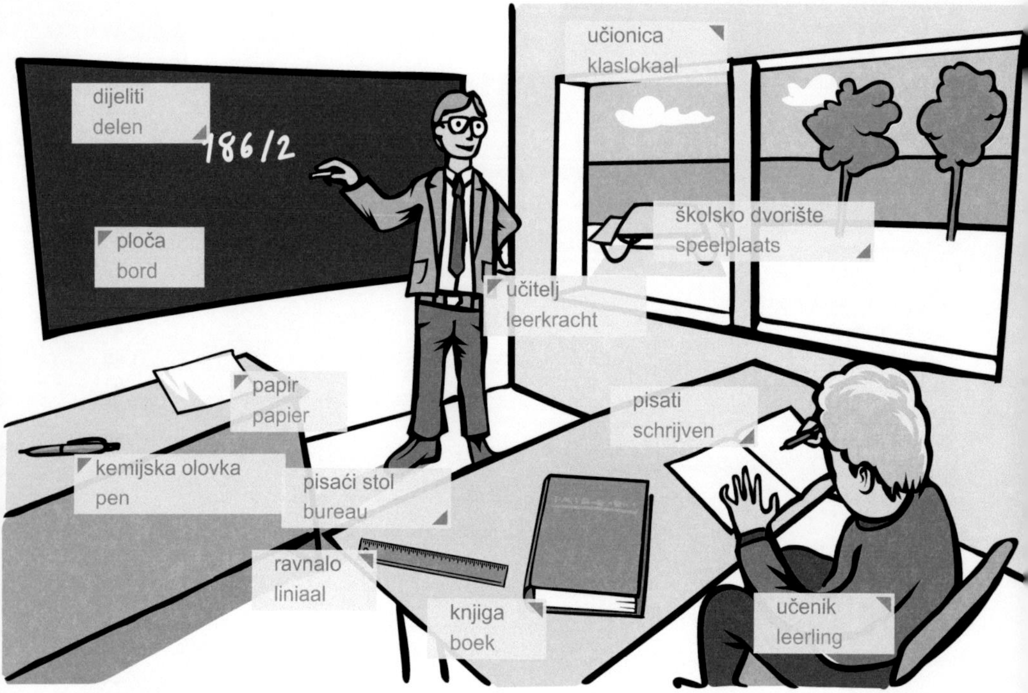

učionica
klaslokaal
dijeliti
delen
186/2
ploča
bord
školsko dvorište
speelplaats
učitelj
leerkracht
papir
papier
pisati
schrijven
kemijska olovka
pen
pisaći stol
bureau
ravnalo
liniaal
knjiga
boek
učenik
leerling

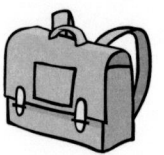

torba

schooltas

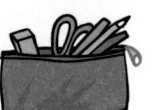

pernica

pennenzak

grafitna olovka

potlood

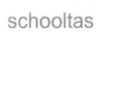

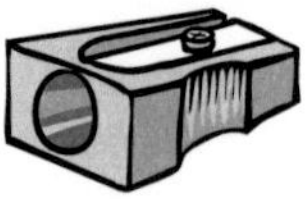

šiljilo za olovke

puntenslijper

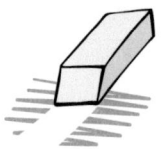

gumica za brisanje

gom

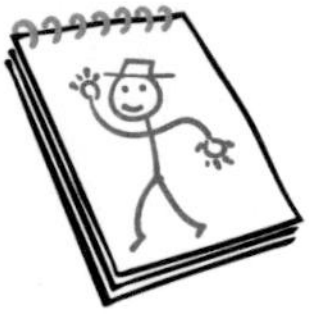

blok za crtanje

tekenblok

crtež

tekening

kist

verfborstel

kutija s bojama

verfdoos

makaze

schaar

ljepilo

lijm

bilježnica

werkboek

domaći zadatak

huiswerk

broj

nummer

sabirati

optellen

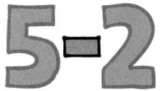

oduzimati

aftrekken

множiti

množiti

vermenigvuldigen

računati

rekenen

slovo

letter

abeceda

alfabet

riječ

woord

tekst

tekst

čitati

Lezen

kreda

krijt

sat

les

dnevnik

klassenboek

ispit

examen

svjedodžba

certificaat

školska uniforma

schooluniform

obrazovanje

onderwijs

leksikon

encyclopedie

sveučilište

universiteit

mikroskop

microscoop

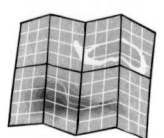

karta

kaart

košara za papir

papiermand

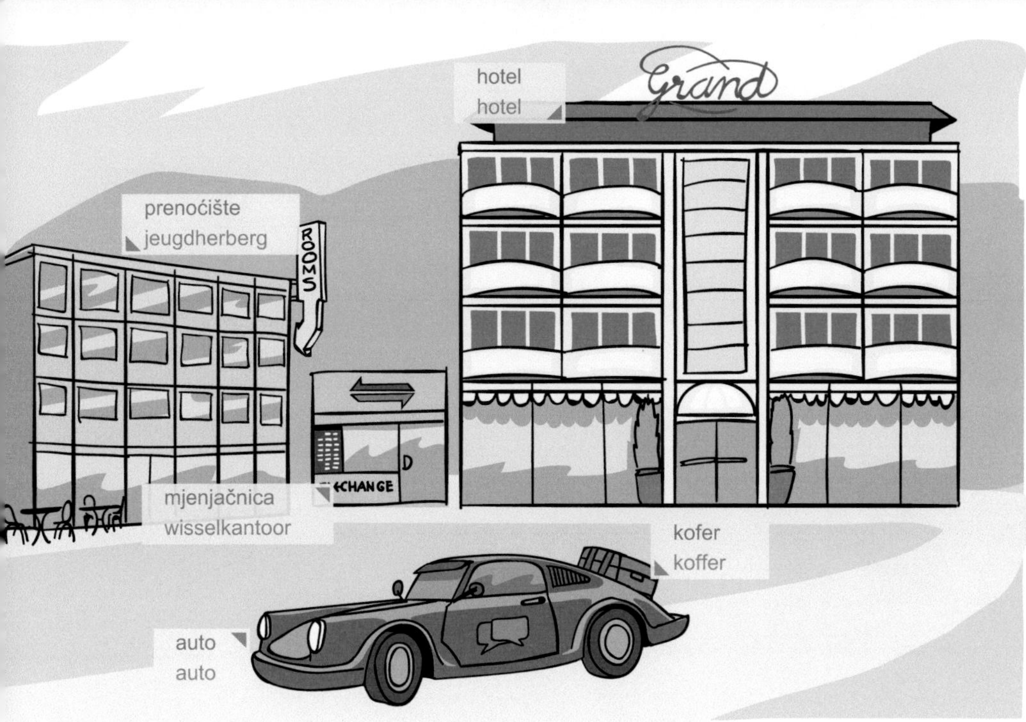

hotel
hotel
Grand
prenoćište
jeugdherberg
ROOMS
mjenjačnica
wisselkantoor
kofer
koffer
auto
auto

jezik

Taal

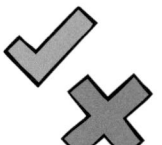

da / ne

ja / nee

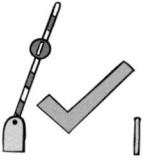

okay

oké

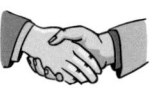

zdravo

hallo

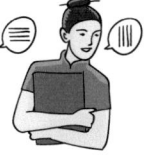

prevoditelj

vertaler

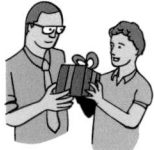

hvala

bedankt

Koliko košta...?

Hoeveel kost ...?

ne razumijem

Ik begrijp het niet

problem

probleem

dobro veče!

Goedenavond!

Dobro jutro!

Goedemorgen!

Laku noć!

Goedenavond!

doviđenja

Tot ziens

smjer

richting

prtljaga

bagage

torba

zak

ruksak

rugzak

gost

gast

soba

kamer

vreća za spavanje

slaapzak

šator

tent

turističke informacije

toeristeninformatie

plaža

strand

kreditna kartica

kredietkaart

doručak

ontbijt

ručak

lunch

večera

avondeten

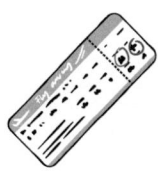

karta za vožnju

ticket

dizalo

lift

poštanska markica

postzegel

granica

grens

carina

douane

ambasada

ambassade

viza

visum

putovnica

paspoort

transport

transport

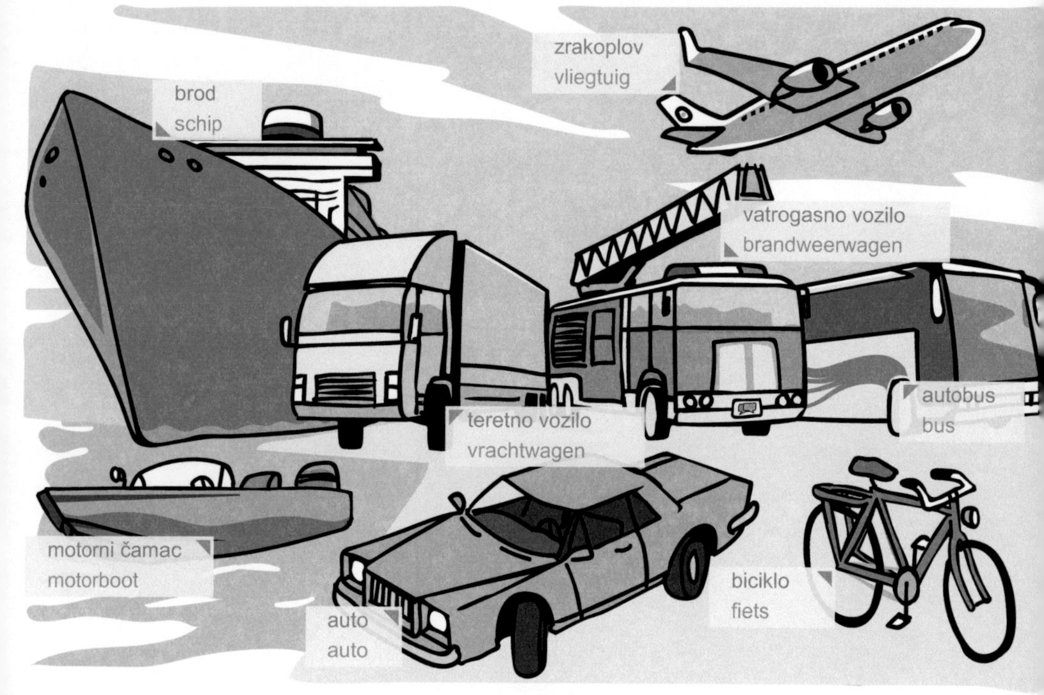
zrakoplov
vliegtuig
brod
schip
vatrogasno vozilo
brandweerwagen
autobus
bus
teretno vozilo
vrachtwagen
motorni čamac
motorboot
biciklo
fiets
auto
auto

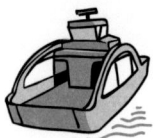

trajekt

veerboot

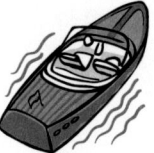

čamac

boot

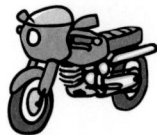

motocikl

motor

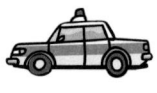

policijski auto

politiewagen

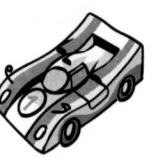

trkaći auto

racewagen

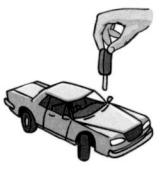

iznajmljeno auto

huurauto

dijeljenje automobila

carpoolen

vučno vozilo

sleepwagen

vozilo za odvoz smeća

vuilniswagen

motor

motor

benzin

benzine

benzinska postaja

benzinestation

prometni znak

verkeersbord

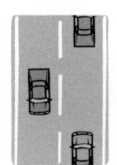

promet

verkeer

zastoj

file

parkiralište

parkeerplaats

kolodvor

station

šine

sporen

vlak

trein

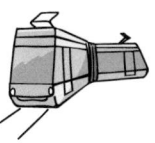

tramvaj

tram

vagon

wagon

helikopter

helikopter

zrakoplovna luka

luchthaven

toranj

toren

putnik

passagier

kontejner

container

karton

karton

kolica

kar

košara

mand

uzletjeti / sletjeti

opstijgen / landen

grad

stad

selo

dorp

centar grada

stadscentrum

kuća

huis

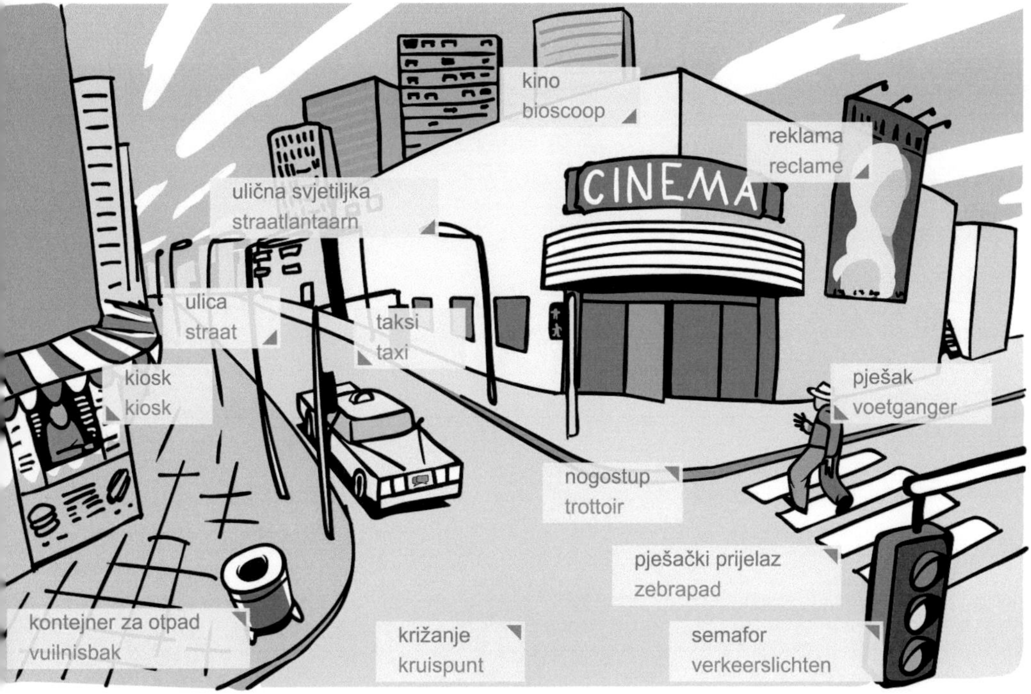

kino
bioscoop

reklama
reclame

ulična svjetiljka
straatlantaarn

CINEMA

ulica
straat

taksi
taxi

pješak
voetganger

kiosk
kiosk

nogostup
trottoir

pješački prijelaz
zebrapad

kontejner za otpad
vuilnisbak

križanje
kruispunt

semafor
verkeerslichten

koliba
hut

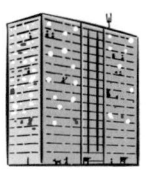

stan
woning

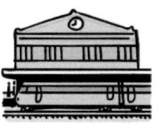

kolodvor
station

vijećnica
stadshuis

muzej
museum

škola
school

sveučilište

universiteit

banka

bank

bolnica

ziekenhuis

hotel

hotel

ljekarna

apotheek

ured

kantoor

knjižara

boekwinkel

prodavaonica

winkel

cvjećara

bloemenwinkel

supermarket

supermarkt

trg

markt

robna kuća

warenhuis

ribarnica

vishandelaar

trgovački centar

winkelcentrum

luka

haven

park

park

klupa

bank

most

brug

stepenice

trap

podzemna željeznica

metro

tunel

tunnel

autobusna stanica

bushalte

bar

bar

restoran

restaurant

poštansko sanduče

brievenbus

ulični znak

straatnaambord

parkirni sat

parkeermeter

zoološki vrt

zoo

bazen

zwembad

džamija

moskee

seosko gazdinstvo

boerderij

zagađenje okoliša

milieuverontreiniging

groblje

kerkhof

crkva

kerk

igralište

speelplaats

hram

tempel

krajolik
landschap

list
blad

putokaz
wegwijzer

put
weg

livada
weide

kamen
steen

drvo
boom

šetač
wandelaar

rijeka
rivier

trava
gras

cvijet
bloem

dolina

vallei

planina

heuvel

jezero

meer

šuma

bos

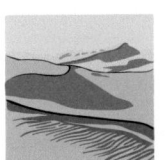

pustinja

woestijn

vulkan

vulkaan

dvorac

kasteel

duga

regenboog

gljiva

paddenstoel

palma

palmboom

moskito

mug

muha

vlieg

mrav

mier

pčela

bijl

pauk

spin

buba

kever

žaba

kikker

vjeverica

eekhoorn

jež

egel

zec

haas

sova

uil

ptica

vogel

labud

zwaan

divlja svinja

wild zwijn

jelen

hert

los

eland

nasip

dam

vjetrenjača

windturbine

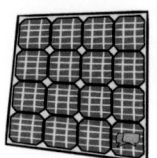

solarna ploča

zonnepaneel

klima

klimaat

restoran
restaurant

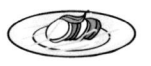

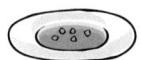

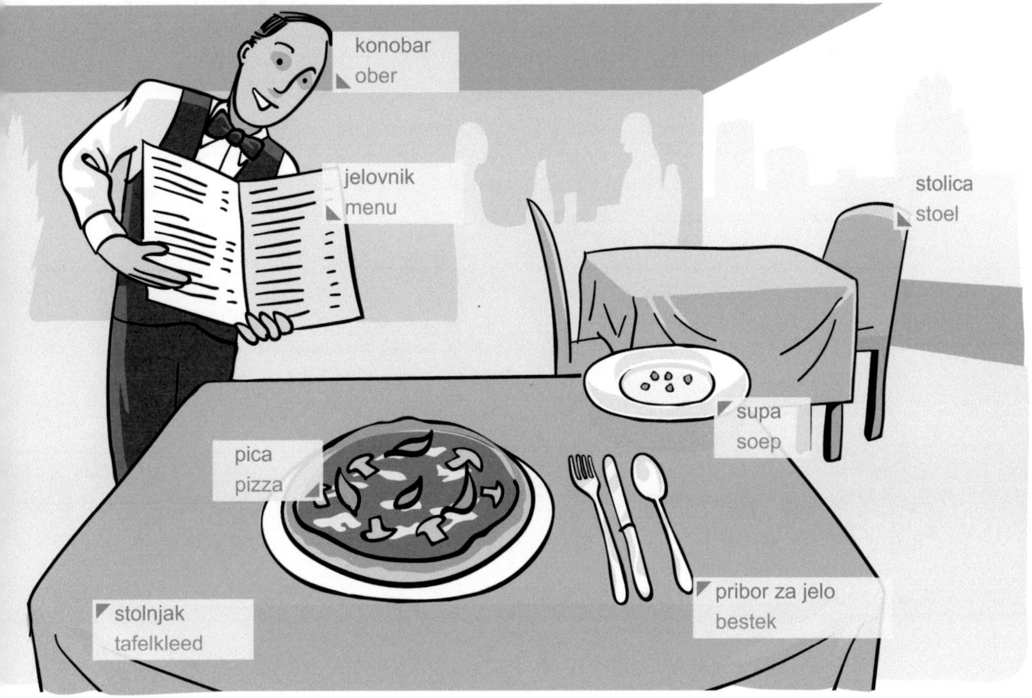

konobar
ober
jelovnik
menu
stolica
stoel
supa
soep
pica
pizza
pribor za jelo
bestek
stolnjak
tafelkleed

predjelo

voorgerecht

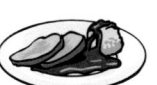

glavno jelo

hoofdgerecht

desert

nagerecht

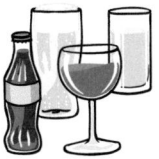

napitci

drankjes

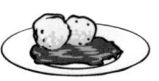

jelo

eten

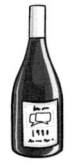

boca

fles

fastfood

fastfood

imbis hrana

street food

čajnik

theepot

doza za šećer

suikerpot

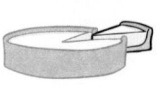

porcija

portie

aparat za espresso

espressomachine

visoka stolica

kinderstoel

račun

rekening

pladanj

dienblad

nož

mes

vilica

vork

žlica

lepel

čajna žlica

theelepel

ubrus

serviette

čaša

glas

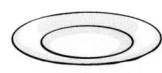

tanjur

bord

tanjur za supu

soepbord

tanjurić

schoteltje

sos

saus

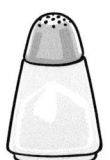

soljenka

zoutvatje

mlin za biber

pepermolen

ocat

azijn

ulje

olie

začini

kruiden

kečap

ketchup

senf

mosterd

majoneza

mayonaise

supermarket

supermarkt

ponuda
aanbieding
FOR
kupac
klant
mliječni proizvodi
zuivelproducten
voće
fruit
kolica za kupnju
winkelwagen

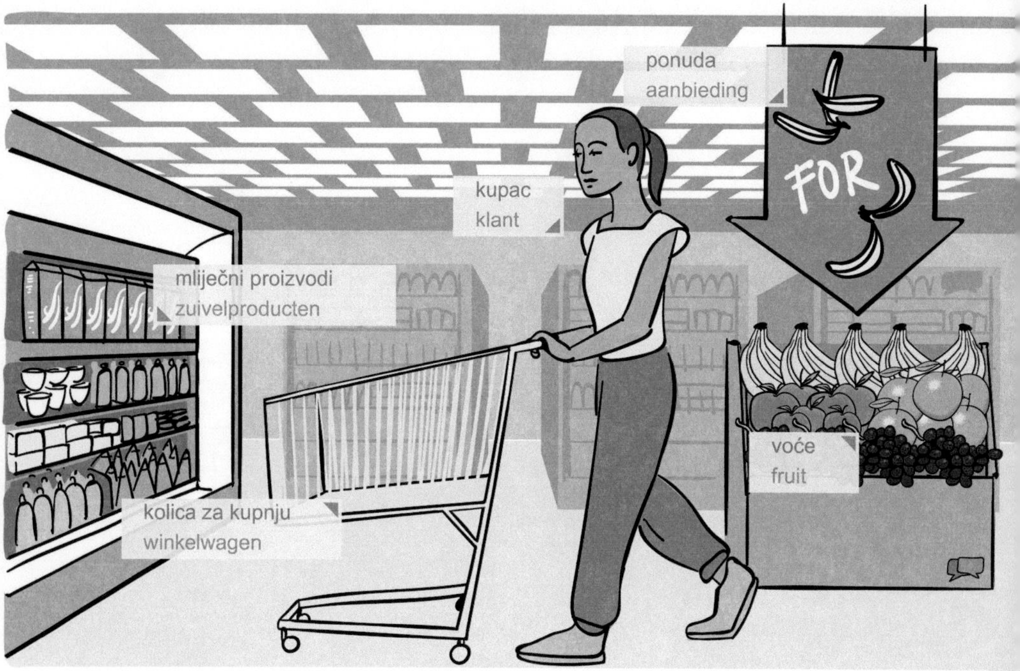

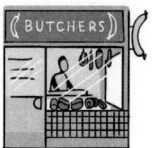

BUTCHERS

mesnica

slagerij

BAKERY

pekarnica

bakkerij

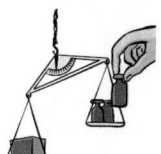

vagati

wegen

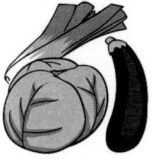

povrće

groenten

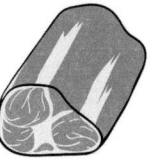

meso

vlees

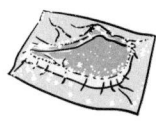

duboko smrznuta hrana

diepvriesvoedsel

narezak

charcuterie

konzerve

conserven

sredstvo za pranje

waspoeder

slatkiši

snoep

artikli za domaćinstvo

huishoudproducten

sredstva za čišćenje

schoonmaakproducten

prodavačica

verkoopster

blagajna

kassa

blagajnik

kassier

lista za kupnju

boodschappenlijstje

vrijeme rada

openingstijden

novčanik

portefeuille

kreditna kartica

kredietkaart

torba

tas

plastična vrećica

plastieken zakje

voda

water

sok

sap

mlijeko

melk

cola

cola

vino

wijn

pivo

bier

alkohol

alcohol

kakao

cacao

čaj

thee

kava

koffie

espresso

espresso

cappuccino

cappuccino

banana

banaan

jabuka

appel

naranča

sinaasappel

lubenica

meloen

limun

citroen

mrkva

wortel

češnjak

knoflook

bambus

bamboe

luk

ajuin

gljiva

champignon

orašasti plodovi

noten

rezanci

noodles

špagete

spaghetti

riža

rijst

salata

salade

pomfrit

frieten

pečeni krumpir

gebakken aardappelen

pica

pizza

hamburger

hamburger

sendvič

sandwich

šnicla

kalfslapje

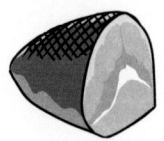

pršut

ham

salama

salami

kobasica

worst

kokoš

kip

pečenje

braden

riba

vis

zobene pahuljice

havervlokken

musli

muesli

kukuruzne pahuljice

cornflakes

brašno

bloem

roščić

croissant

pecivo

pistolet

kruh

brood

toast

toast

keksi

koekjes

maslac

boter

svježi sir

kwark

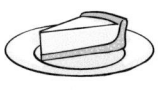

kolač

taart

jaje

ei

jaje na oko

spiegelei

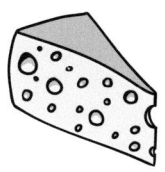

sir

kaas

sladoled

ijs

šećer

suiker

med

honing

marmelada

confituur

nugat krema

choco

curry

curry

seosko gazdinstvo
boerderij

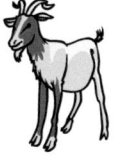

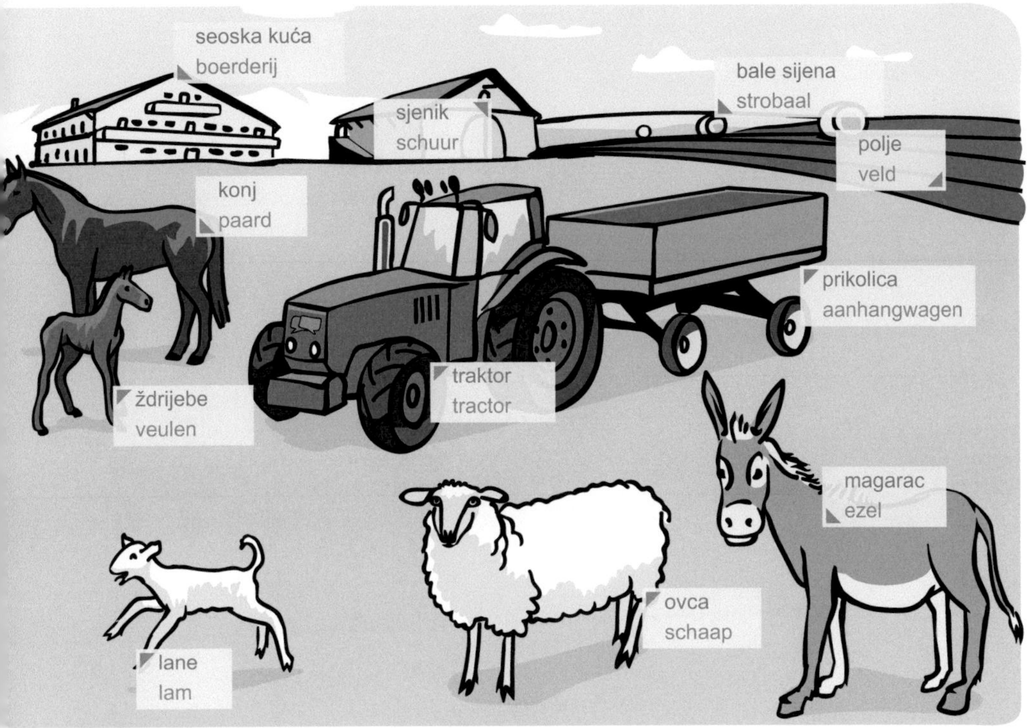

seoska kuća
boerderij
sjenik
schuur
bale sijena
strobaal
polje
veld
konj
paard
prikolica
aanhangwagen
ždrijebe
veulen
traktor
tractor
magarac
ezel
ovca
schaap
lane
lam

koza

geit

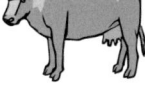

krava

koe

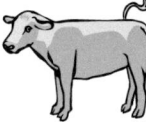

tele

kalf

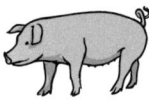

svinja

varken

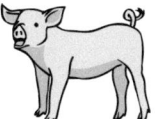

prase

biggetje

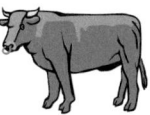

bik

stier

guska

gans

patka

eend

pilići

kuiken

kokoš

kip

pijetao

haan

pacov

rat

mačka

kat

miš

muis

vol

os

pas

hond

kućica za psa

hondenhok

vrtno crijevo

tuinslang

kanta za polijevanje

gieter

kosa

zeis

plug

ploeg

srp

sikkel

motika

schoffel

vilica za gnojivo

hooivork

sjekira

bijl

tačke

kruiwagen

korito

trog

posuda za mlijeko

melkkan

vreća

zak

ograda

hek

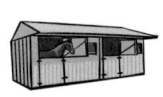

štala

stal

staklenik

broeikas

zemlja

bodem

sjeme

zaad

gnojivo

mest

kombajn

maaidorser

žanjati

oogsten

žetva

oogst

yams začin

yam

pšenica

tarwe

soja

soja

krumpir

aardappel

kukuruz

maïs

uljana repica

koolzaad

voćka

fruitboom

gomolj manioke

maniok

žitarice

graan

kuća
huis

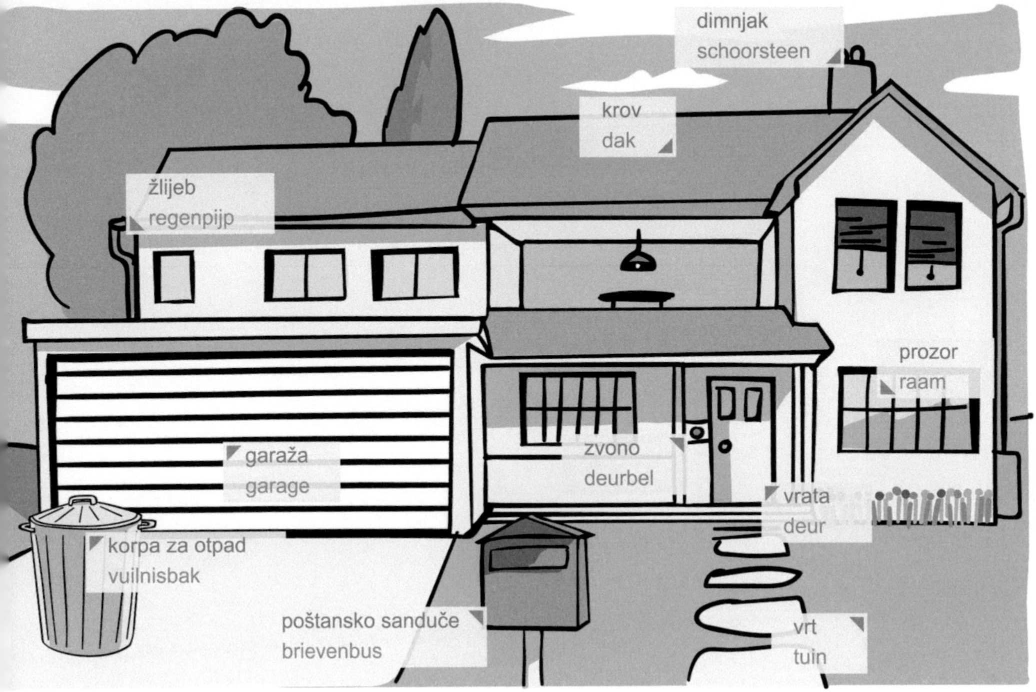
dimnjak
schoorsteen
krov
dak
žlijeb
regenpijp
prozor
raam
garaža
garage
zvono
deurbel
vrata
deur
korpa za otpad
vuilnisbak
poštansko sanduče
brievenbus
vrt
tuin

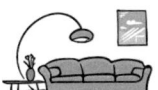

dnevna soba
woonkamer

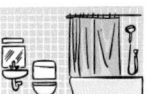

kupaonica
badkamer

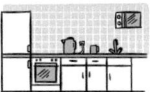

kuhinja
keuken

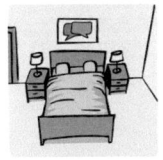

spavaća soba
slaapkamer

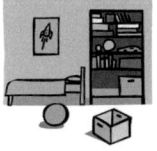

dječija soba
kinderkamer

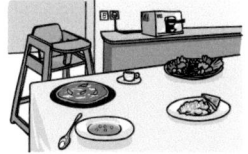

trpezarija
eetkamer

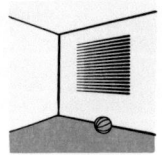

pod
vloer

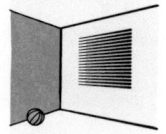

zid
muur

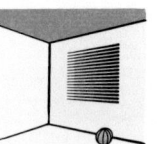

strop
plafond

podrum
kelder

sauna
sauna

balkon
balkon

terasa
terras

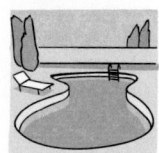

bazen
zwembad

kosilica za travu
grasmaaier

posteljina za krevet
dekbedovertrek

deka za krevet
dekbed

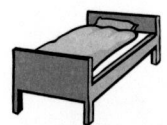

krevet
bed

metla
bezem

kanta
emmer

sklopka
schakelaar

dnevna soba
woonkamer

tapeta
behangpapier
slika
foto
svjetiljka
lamp
regal
schap
ormar
kast
televizija
televisie
kamin
open haard
cvijet
bloem
jastuk
kussen
kauč
sofa
vaza
vaas
daljinski upravljač
afstandsbediening

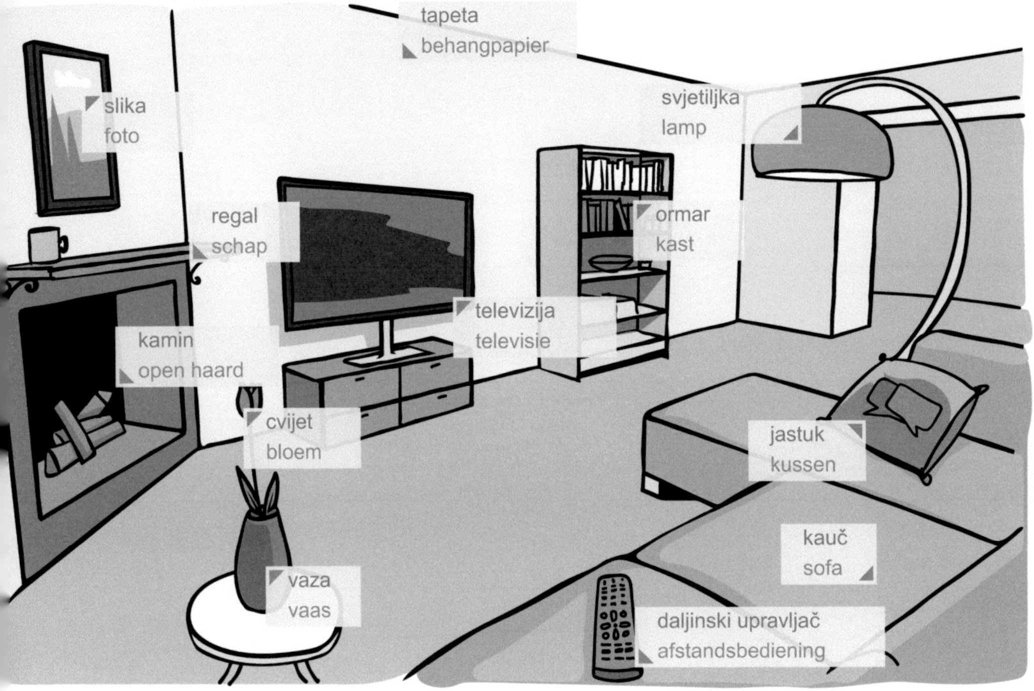

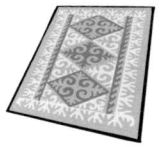

tepih

mat

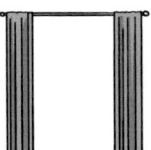

zavjesa

gordijn

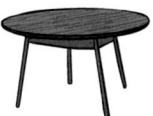

stol

tafel

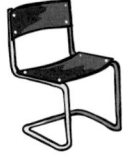

stolica

stoel

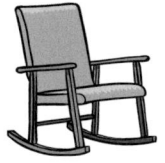

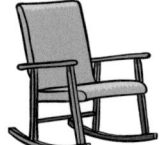

stolica za njihanje

schommelstoel

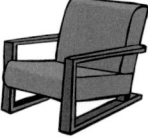

fotelja

fauteuil

knjiga

boek

deka

deken

dekoracija

decoratie

drvo za ogrjev

brandhout

film

film

stereo uređaj

stereo-installatie

ključ

sleutel

novine

krant

slika na platnu

schilderij

poster

poster

radio

radio

blok za pisanje

notitieboekje

usisavač

stofzuiger

kaktus

cactus

svijeća

kaars

kuhinja
keuken

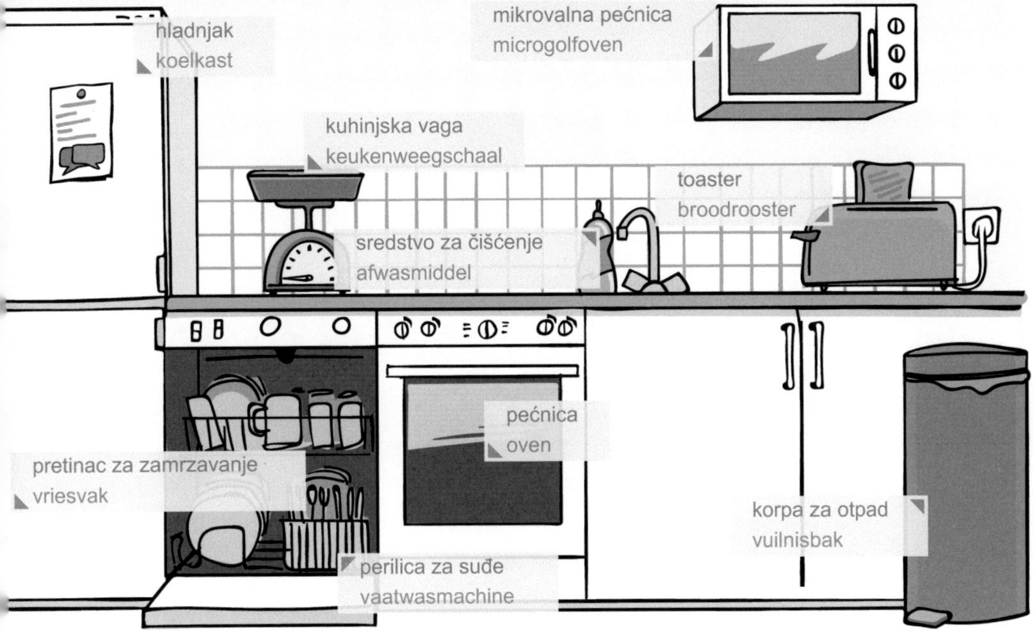

hladnjak
koelkast
mikrovalna pećnica
microgolfoven
kuhinjska vaga
keukenweegschaal
toaster
broodrooster
sredstvo za čišćenje
afwasmiddel
pećnica
oven
pretinac za zamrzavanje
vriesvak
korpa za otpad
vuilnisbak
perilica za suđe
vaatwasmachine

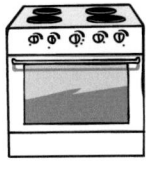

štednjak

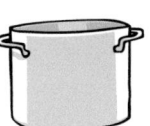

fornuis

lonac

pot

željezni lonac

gietijzeren pot

wok / kadai

wok / kadai

tava

pan

kuhalo za vodu

waterkoker

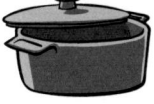

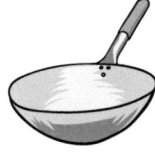

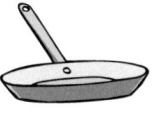

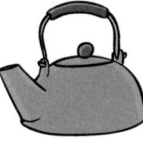

kuhalo na paru

stoomkoker

lim za pečenje

bakplaat

posuđe

servies

čaša

mok

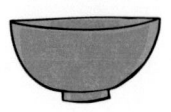

zdjela

kom

štapići za jelo

eetstokjes

kutljača

pollepel

lopatica

spatel

pjenjača

garde

sito za kuhanje

vergiet

sito

zeef

ribež

rasp

mužar

mortier

roštilj

barbecue

ognjište

haardvuur

daska
snijplank

oklagija
deegrol

vadičep
kurkentrekker

konzerva
blik

otvarač konzervi
blikopener

krpa za lonac
pannenlap

sudoper
gootsteen

četka
borstel

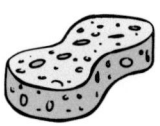

spužva
spons

mikser
blender

zamrzivač
vriezer

bočica za bebe
papfles

slavina za vodu
kraan

kupaonica
badkamer

grijanje
verwarming
ručnik
handdoek
tuš
douche
zavjesa za tuš
douchegordijn
pjenušava kupka
bubbelbad
kada
badkuip
čaša
glas
perilica za rublje
wasmachine
slavina za vodu
kraan
pločice
tegels
dječja kahlica
kinderpo
sudoper
gootsteen

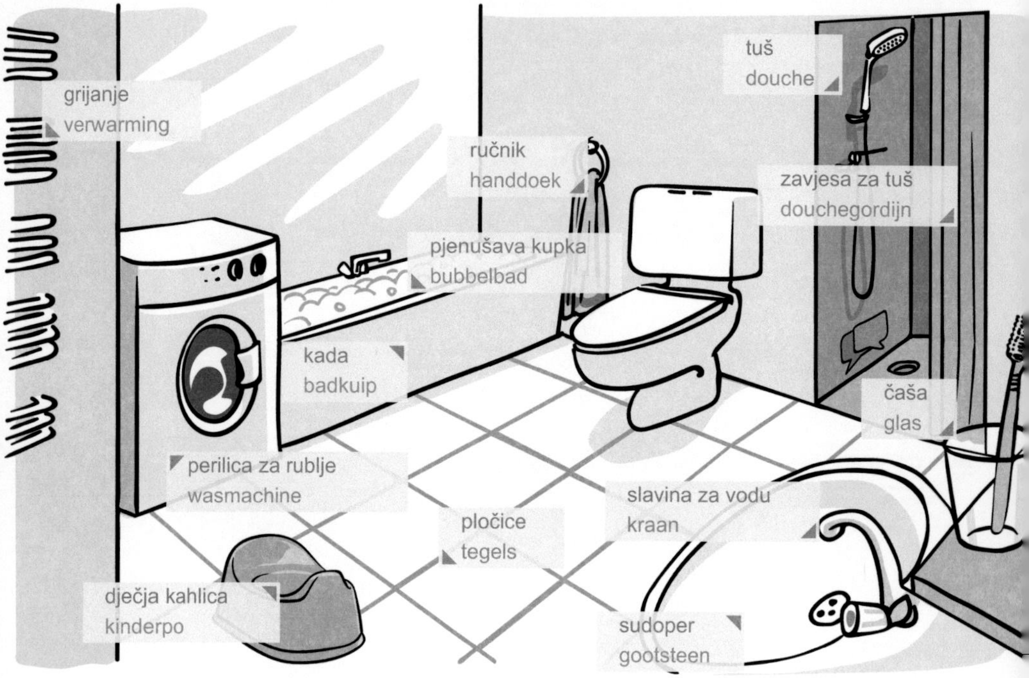

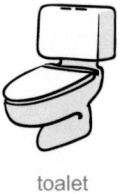

toalet

toilet

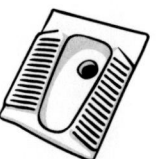

čučavac

hurktoilet

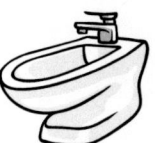

bidet

bidet

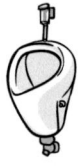

pisoar

urinoir

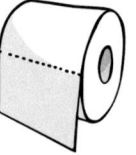

papir za toalet

toiletpapier

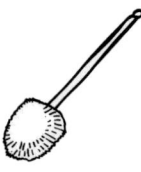

četka za toalet

toiletborstel

četkica za zube

tandenborstel

pasta za zube

tandpasta

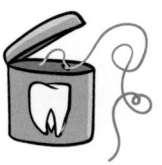

konac za zube

flosdraad

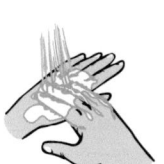

prati

wassen

tuš ručica

handdouche

tuš za pranje intimnih dijelova

bidethanddouche

lavor

waskom

četka za pranje leđa

rugborstel

sapun

zeep

gel za tuširanje

douchegel

šampon

shampoo

krpa za pranje

washandje

odvod

afvoer

krema

crème

dezodorans

deodorant

ogledalo

spiegel

kozmetičko ogledalo

handspiegel

brijač

scheermes

pjena za brijanje

scheerschuim

losion za poslije brijanja

aftershave

češalj

kam

četka

borstel

sušilo za kosu

haardroger

sprej za kosu

haarlak

makeup

make-up

ruž za usne

lippenstift

lak za nokte

nagellak

vata

watten

škare za nokte

nagelknipper

parfem

parfum

neseser

toilettas

stolica

kruk

vaga

weegschaal

ogrtač

badjas

rukavice za čišćenje

latex handschoenen

tampon

tampon

uložak

maandverband

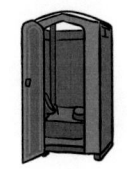

kemijski toalet

chemisch toilet

dječija soba
kinderkamer

budilnik
wekker
plišana igračka
knuffel
auto igračka
speelgoedauto
zvečka
rammelaar
kućica za lutke
poppenhuis
poklon
geschenk

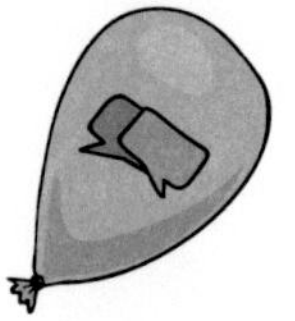

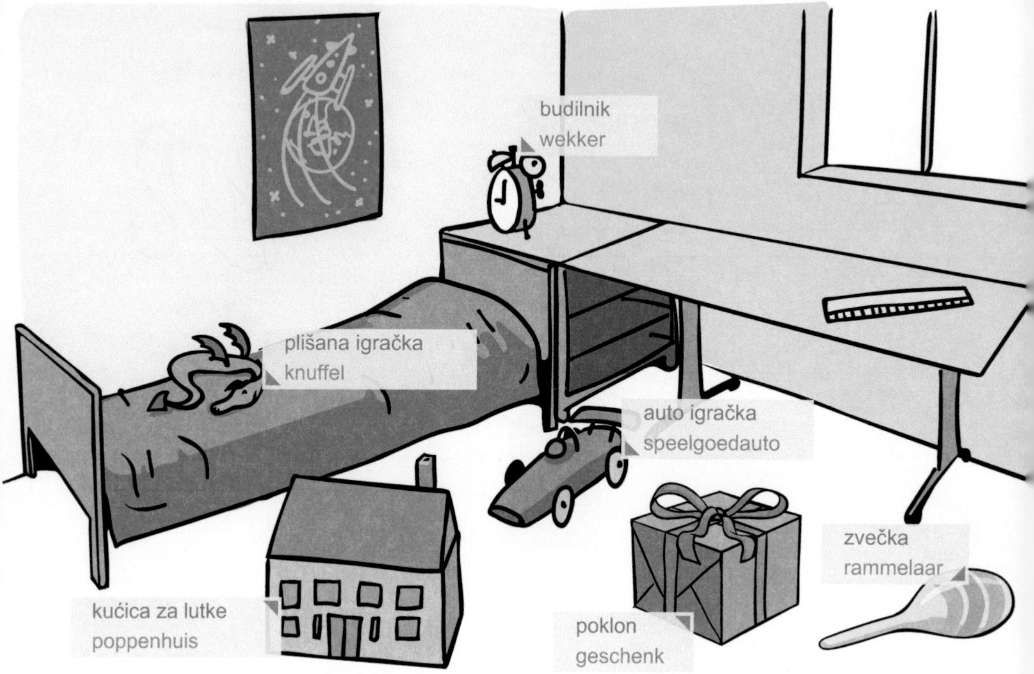

balon

ballon

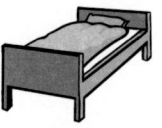

krevet

bed

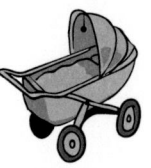

dječija kolica

kinderwagen

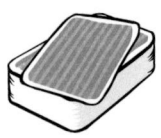

igra s kartama

spel kaarten

slagalica

puzzel

SUPER
MEGA

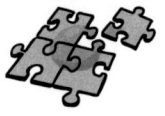

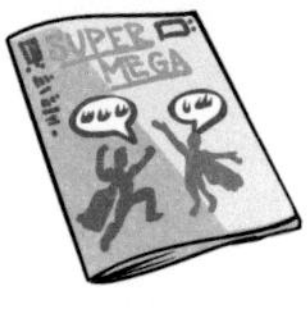

strip

stripboek

lego kockice

legoblokjes

kockice za slaganje

blokken

akcioni junak

actiefiguur

kombinezon za bebe

kruippakje

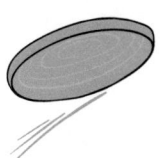

frizbi

frisbee

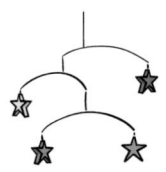

viseće igračke

mobiel

društvene igre

bordspel

kocka

dobbelsteen

minijaturna željeznica

modelspoorweg

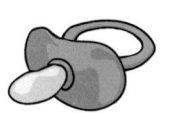

duda

fopspeen

tulum

feest

slikovnica

prentenboek

lopta

bal

lutka

pop

igrati

spelen

pješčanik

zandbak

ljuljačka

schommel

igračka

speelgoed

konzola za igre

spelconsole

tricikl

driewieler

plišani medo

knuffelbeer

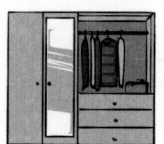

ormar

kleerkast

odjeća
kleding

kratke čarape

sokken

čarape

kousen

hulahopke

maillot

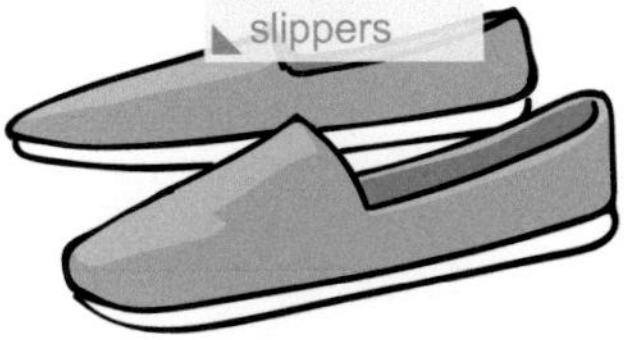

šal
sjaal

kišobran
paraplu

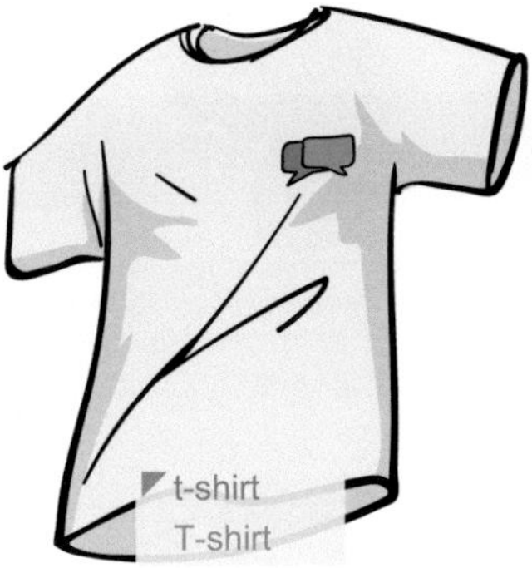

t-shirt
T-shirt

kaiš
riem

čizme
laarzen

papuče
slippers

patike
sneakers

sandale
sandalen

cipele
schoenen

gumene čizme
rubberlaarzen

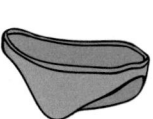

gaćice
onderbroek

grudnjak
beha

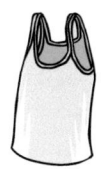

potkošulja
onderhemd

bodi
lichaam

hlače
broek

džins
jeans

haljina
rok

bluza
blouse

košulja
hemd

džemper
trui

pulover s kapuljačom
capuchontrui

blejzer
blazer

jakna
jas

kaput
jas

kabanica
regenjas

kostim
kostuum

haljina
jurk

vjenčanica
trouwjurk

odijelo

pak

spavaćica

nachthemd

pidžama

pyjama

sari

sari

rubac

hoofddoek

turban

tulband

burka

boerka

kaftan

kaftan

abaja

abaya

kupaći kostim

badpak

kupaće gaćice

zwembroek

kratke hlače

short

odjeća za trening

trainingspak

pregača

schort

rukavice

handschoenen

gumb

knoop

naočale

bril

narukvica

armband

ogrlica

ketting

prsten

ring

naušnica

oorbel

kapa

pet

vješalica

kapstok

šešir

hoed

kravata

das

patent zatvarač

rits

kaciga

helm

naramenice

bretellen

školska uniforma

schooluniform

uniforma

uniform

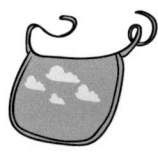

podbradak

slabbetje

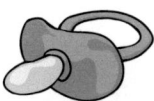

duda

fopspeen

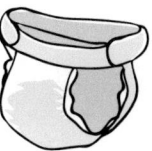

pelena

luier

ured

kantoor

server
server
ormar za spise
dossierkast
papir
papier
pisač
printer
monitor
monitor
miš
muis
pisaći stol
bureau
mapa
map
tipkovnica
toestenbord
košara za papir
papiermand
računar
computer
stolica
stoel

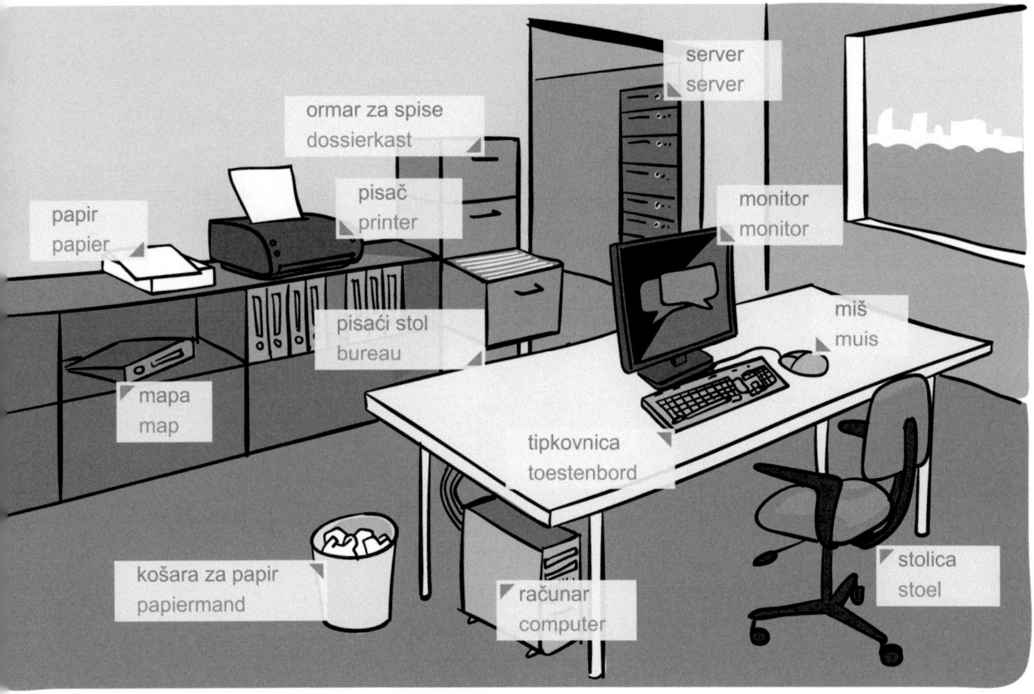

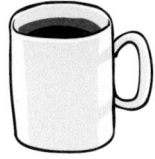

šalica za kavu

koffiemok

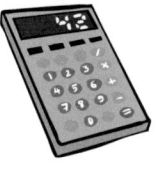

kalkulator

rekenmachine

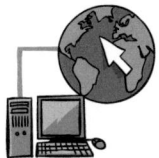

internet

internet

laptop

laptop

pismo

brief

poruka

bericht

mobilni telefon

gsm

mreža

netwerk

uređaj za kopiranje

kopieerapparaat

softver

software

telefon

telefoon

utičnica

stopcontact

faks

fax

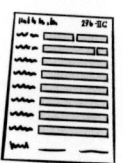

obrazac

formulier

dokument

document

kupovati

kopen

platiti

betalen

trgovati

handelen

novac

geld

dolar

dollar

euro

euro

jen

yen

rubalj

roebel

švicarski franak

Zwitserse frank

renmindbi yuan

Chinese renminbi

rupija

roepie

automat za novac

geldautomaat

mjenjačnica

wisselkantoor

zlato

goud

srebro

zilver

nafta

olie

energija

energie

cijena

prijs

ugovor

contract

porez

belasting

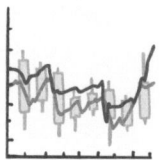

dionica

aandeel

raditi

werken

službenik

werknemer

poslodavac

werkgever

tvornica

fabriek

prodavaonica

winkel

zanimanja
beroepen

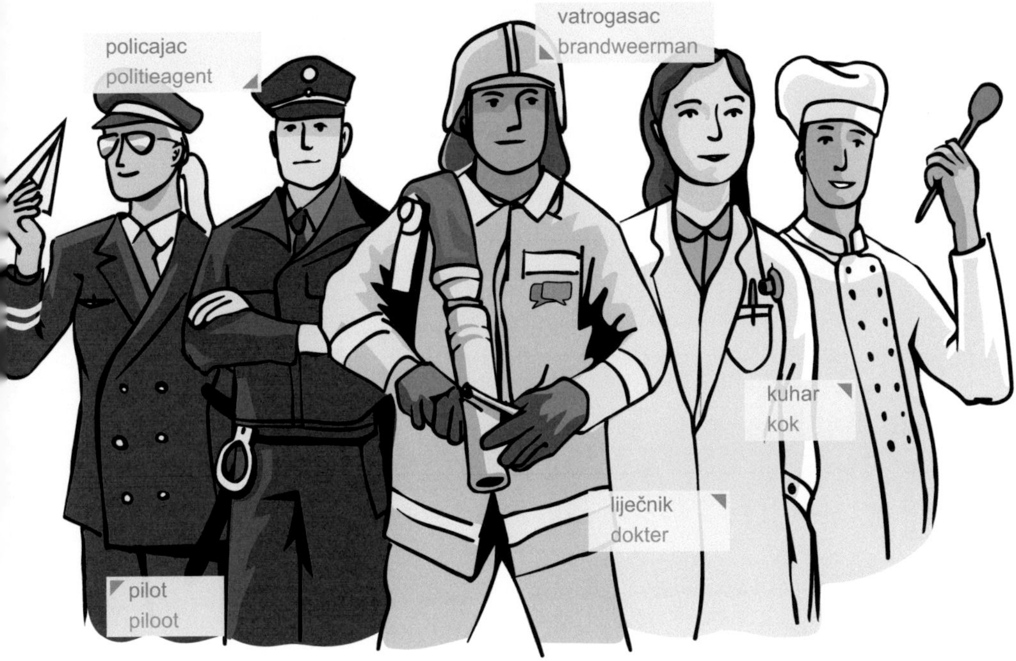

vatrogasac
brandweerman
policajac
politieagent
kuhar
kok
liječnik
dokter
pilot
piloot

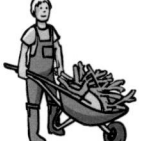

vrtlar

tuinman

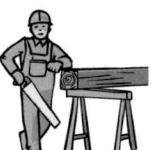

stolar

timmerman

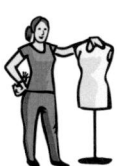

krojačica

naaister

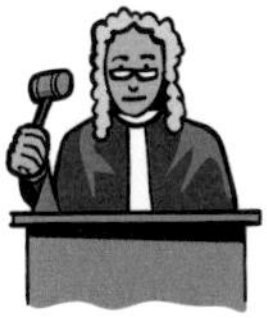

sudija

rechter

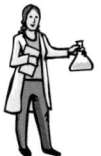

kemičar

chemicus

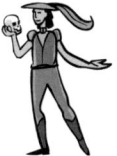

glumac

acteur

vozač autobusa

buschauffeur

vozač taksija

taxichauffeur

ribar

visser

čistačica

schoonmaakster

krovopokrivač

dakdekker

konobar

ober

lovac

jager

slikar

schilder

pekar

bakker

električar

elektricien

građevinski radnik

bouwvakker

inženjer

ingenieur

mesar

slager

limar

loodgieter

poštar

postbode

vojnik

soldaat

arhitekta

architect

blagajnik

kassier

cvjećar

bloemist

frizer

kapper

kondukter

conducteur

mehaničar

mecanicien

kapetan

kapitein

zubar

tandarts

znanstvenik

wetenschapper

rabi

rabbijn

imam

imam

monah

monnik

svećenik

geestelijke

alati
werktuigen

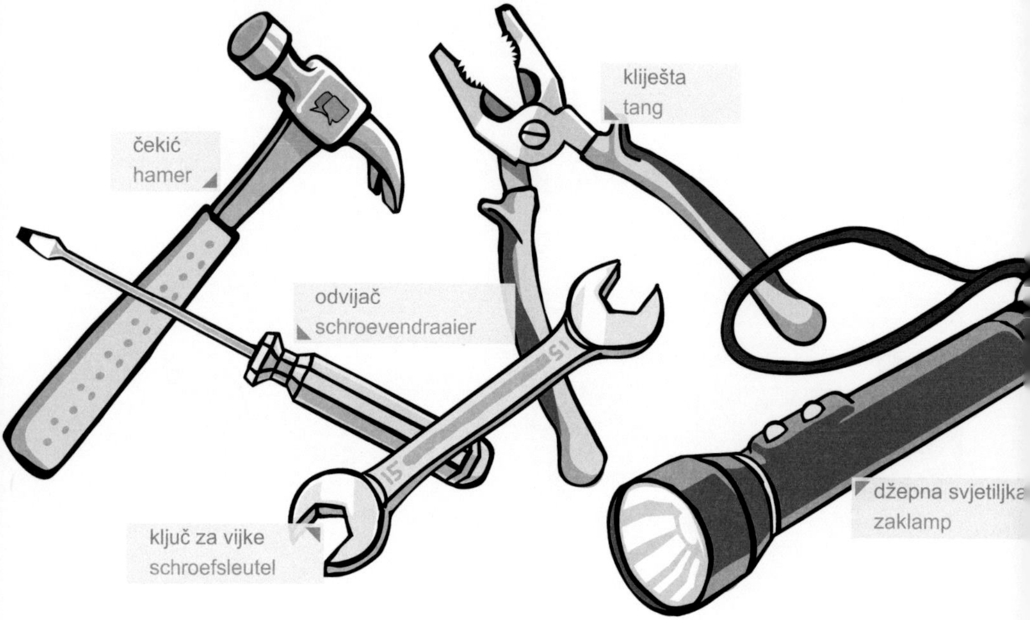
klliješta
tang
čekić
hamer
odvijač
schroevendraaier
ključ za vijke
schroefsleutel
džepna svjetiljka
zaklamp

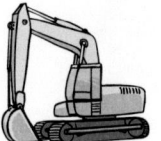

rovokopač

graafmachine

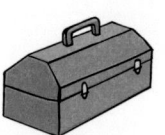

kutija za alat

gereedschapskoffer

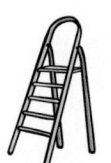

ljestve

ladder

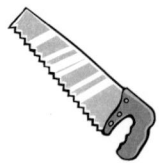

pila

zaag

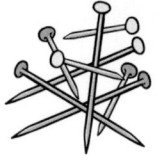

ekser

spijkers

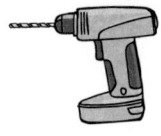

bušilica

boormachine

popraviti

repareren

lopata

schop

Sranje!

Verdomme!

lopatica

blik

lonac za boju

verfpot

vijci

schroeven

glazbeni instrument

muziekinstrumenten

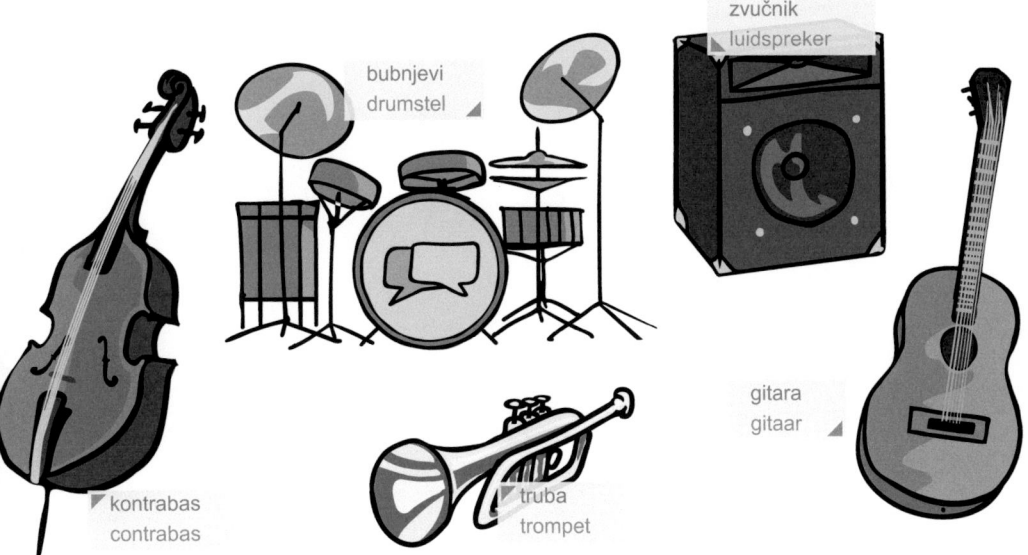

zvučnik
luidspreker

bubnjevi
drumstel

kontrabas
contrabas

truba
trompet

gitara
gitaar

klavir

piano

violina

viool

bas

basgitaar

timpani

pauk

udaraljke za bubnjeve

trommels

keyboard

keyboard

saksofon

saxofoon

flauta

fluit

mikrofon

microfoon

zoološki vrt

zoo

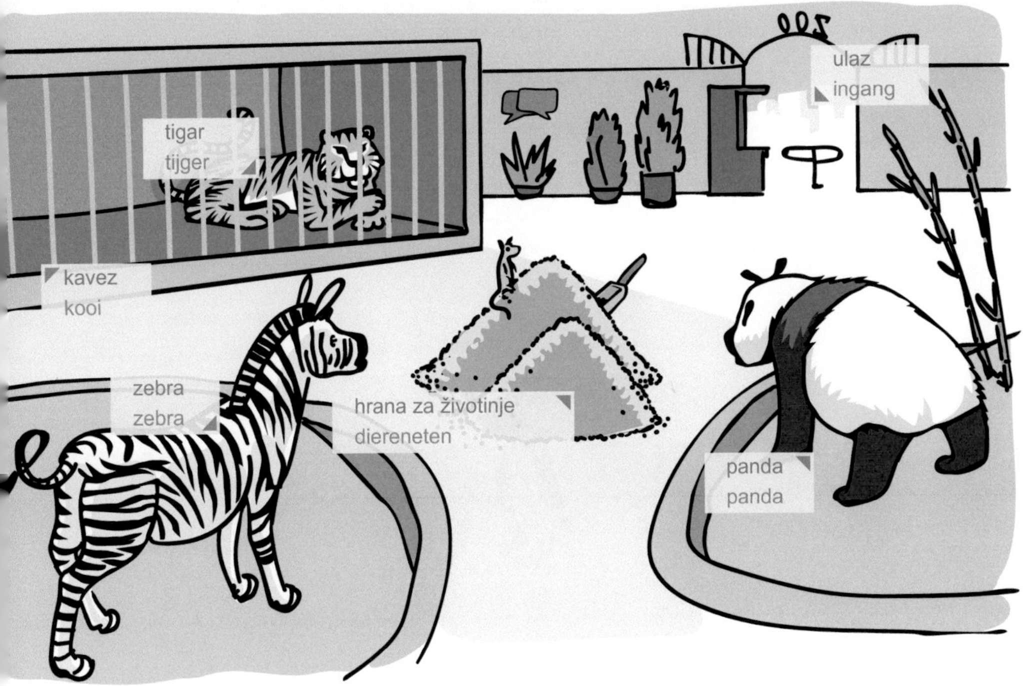

ulaz
ingang
tigar
tijger
kavez
kooi
zebra
zebra
hrana za životinje
diereneten
panda
panda

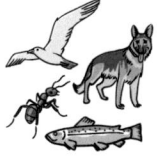

životinje

dieren

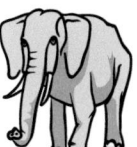

slon

olifant

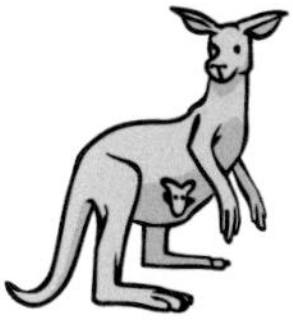

kengur

kangoeroe

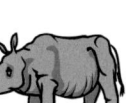

nosorog

neushoorn

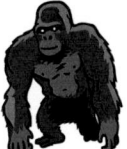

gorila

gorilla

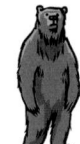

medvjed

beer

kamila

kameel

noj

struisvogel

lav

leeuw

majmun

aap

flamingo

flamingo

papagaj

papegaai

polarni medvjed

ijsbeer

pingvin

pinguïn

ajkula

haai

paun

pauw

zmija

slang

krokodil

krokodil

čuvar u zoološkom vrtu

dierenverzorger

tuljan

zeehond

jaguar

jaguar

poni

pony

leopard

luipaard

nilski konj

nijlpaard

žirafa

giraffe

orao

adelaar

divlja svinja

wild zwijn

riba

vis

kornjača

zeeschildpad

morž

walrus

lisica

vos

gazela

gazelle

američki nogomet
rugby

biciklizam
wielrennen

tenis
tennis

košarka
basketbal

plivanje
zwemmen

boks
boksen

hockey na ledu
ijshockey

nogomet
voetbal

badminton
badminton

atletika
atletiek

rukomet
handbal

skijanje
skiën

polo
polo

aktivnosti
activiteiten

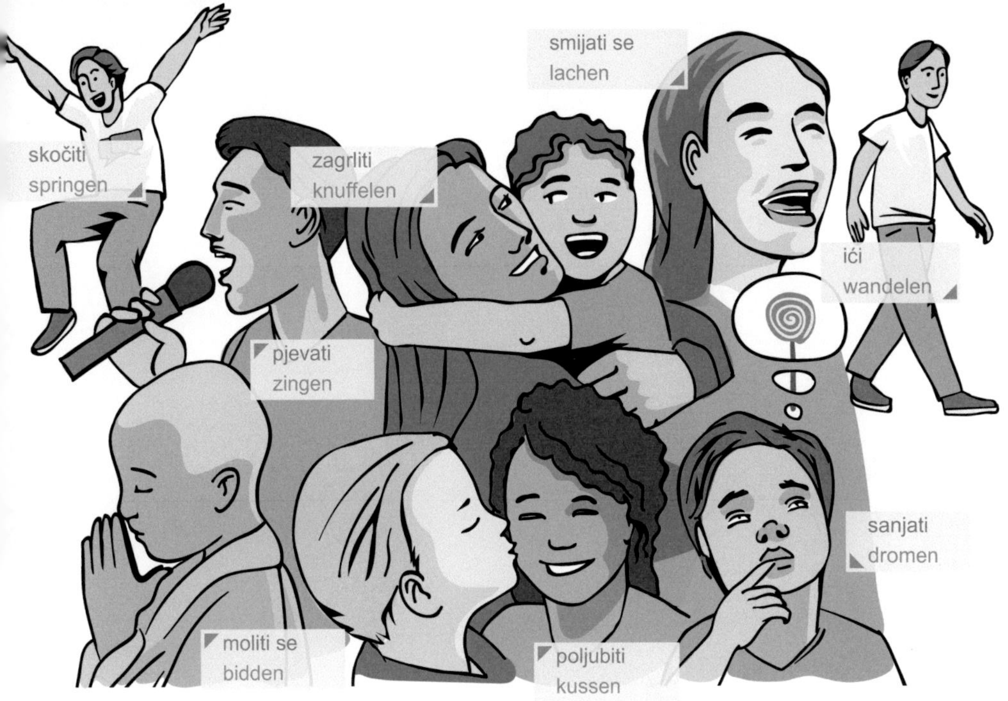
smijati se
lachen
skočiti
springen
zagrliti
knuffelen
ići
wandelen
pjevati
zingen
sanjati
dromen
moliti se
bidden
poljubiti
kussen

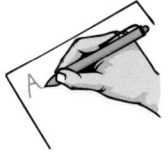

pisati

schrijven

crtati

tekenen

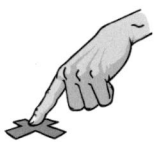

pokazati

tonen

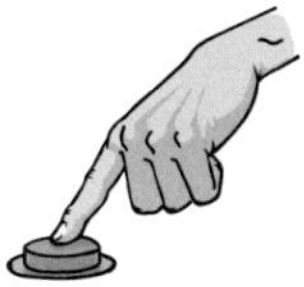

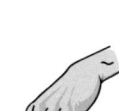

gurati

duwen

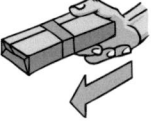

dati

geven

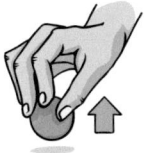

uzeti

nemen

imati

hebben

činiti

doen

biti

zijn

stojati

staan

trčati

lopen

povlačiti

trekken

baciti

gooien

padati

vallen

ležati

liggen

čekati

wachten

nositi

dragen

sjediti

zitten

oblačiti

aankleden

spavati

slapen

probuditi se

ontwaken

gledati

kijken naar

plakati

wenen

milovati

aaien

češljati

kammen

govoriti

praten

razumjeti

begrijpen

pitati

vragen

slušati

luisteren

piti

drinken

jesti

eten

pospremiti

opruimen

voljeti

houden van

kuhati

koken

voziti

rijden

letjeti

vliegen

ploviti

zeilen

računati

rekenen

čitati

Lezen

učiti

leren

raditi

werken

vjenčati se

trouwen

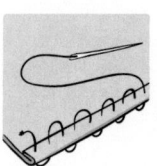

šiti

naaien

prati zube

tandenpoetsen

ubiti

doden

pušiti

roken

poslati

sturen

obitelj
familie

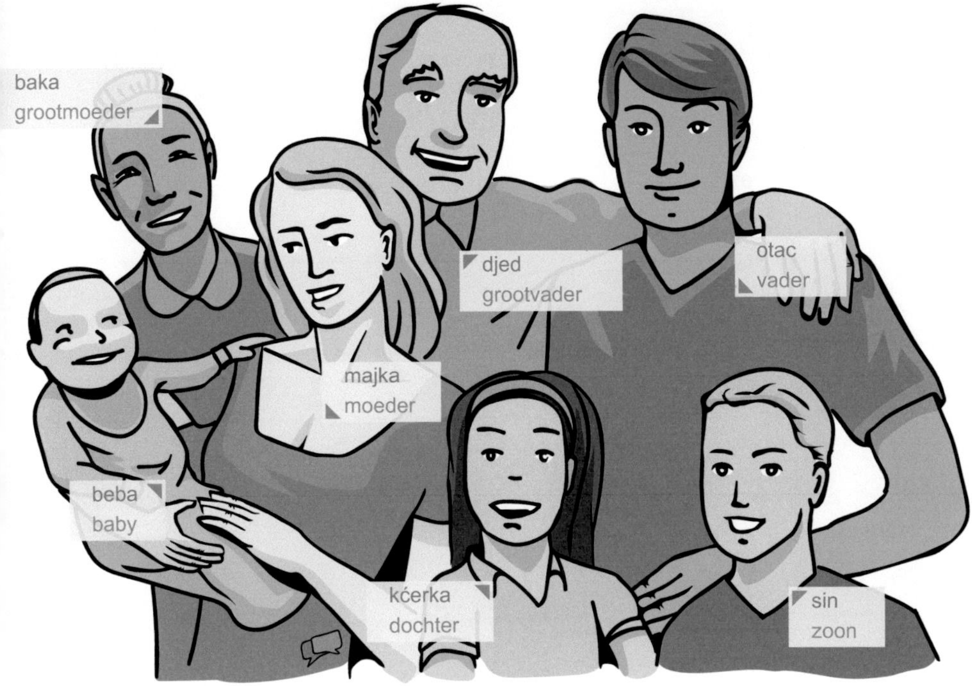

baka
grootmoeder
djed
grootvader
otac
vader
majka
moeder
beba
baby
kćerka
dochter
sin
zoon

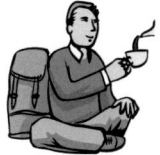

gost

gast

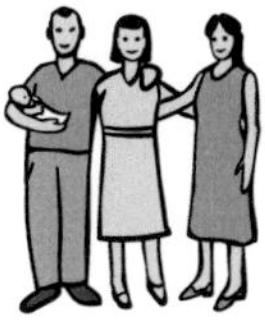

tetka

tante

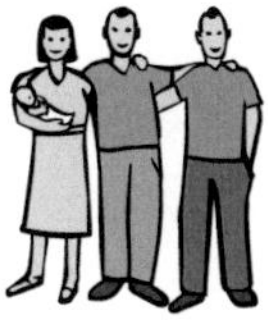

ujak, stric

oom

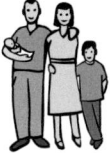

brat

broer

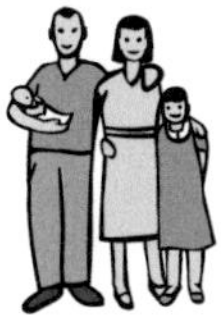

sestra

zus

tijelo
lichaam

čelo
voorhoofd
oko
oog
rame
schouder
prst
vinger
lice
gezicht
brada
kin
ruka
hand
grudi
borst
noga
been
ruka
arm

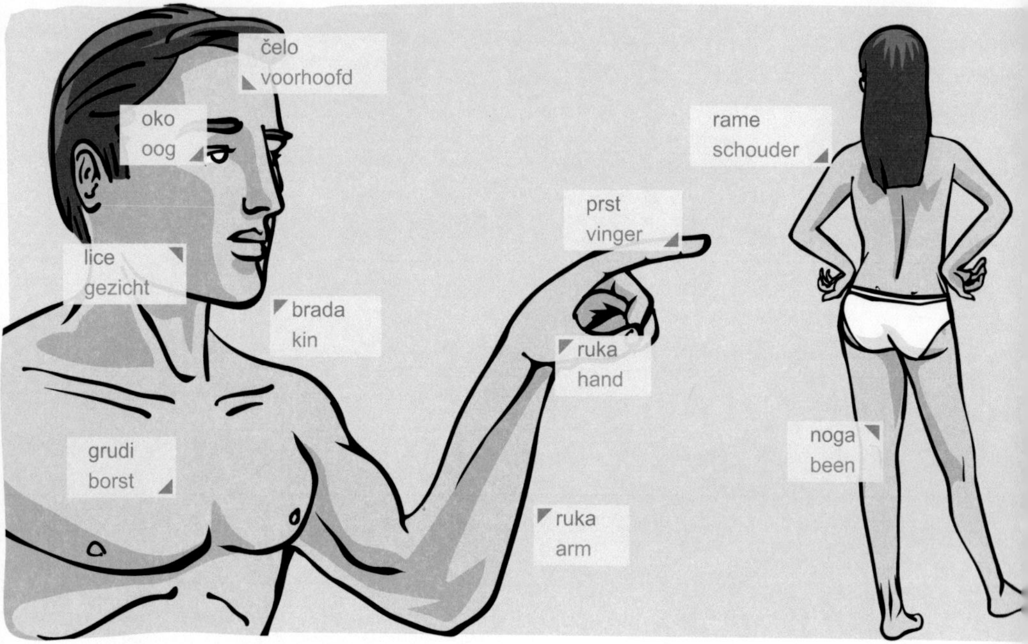

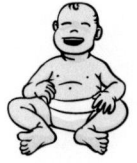

beba

baby

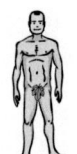

muškarac

man

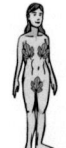

žena

vrouw

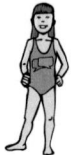

djevojčica

meisje

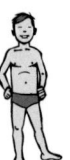

dječak

jongen

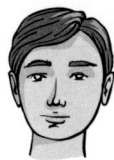

glava

hoofd

leđa

rug

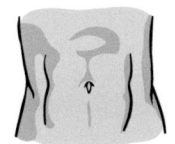

trbuh

buik

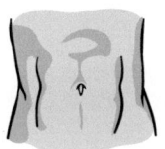

pupak

navel

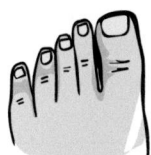

nožni prst

teen

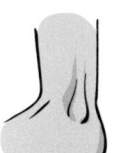

peta

hiel

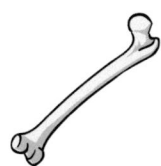

kost

bot

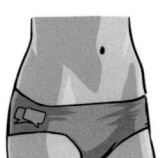

kuk

heup

koljeno

knie

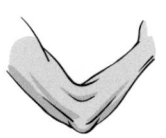

lakat

elleboog

nos

neus

stražnjica

zitvlak

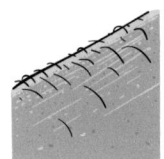

koža

huid

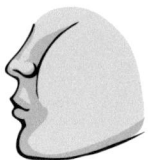

obraz

wang

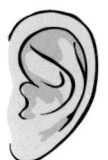

uho

oor

usna

lip

usta

mond

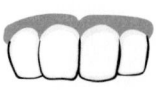

zub

tand

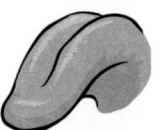

jezik

tong

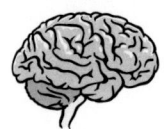

mozak

hersenen

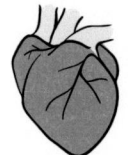

srce

hart

mišić

spier

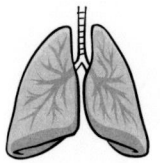

pluća

long

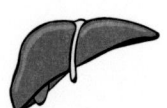

jetra

lever

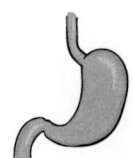

želudac

maag

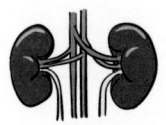

bubrezi

nieren

snošaj

seks

kondom

condoom

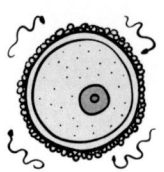

jajna stanica

eicel

sperma

sperma

trudnoća

zwangerschap

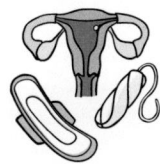

menstruacija

menstruatie

vagina

vagina

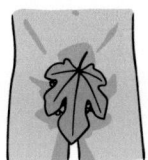

penis

penis

obrva

wenkbrauw

kosa

haar

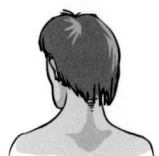

vrat

nek

bolnica
ziekenhuis

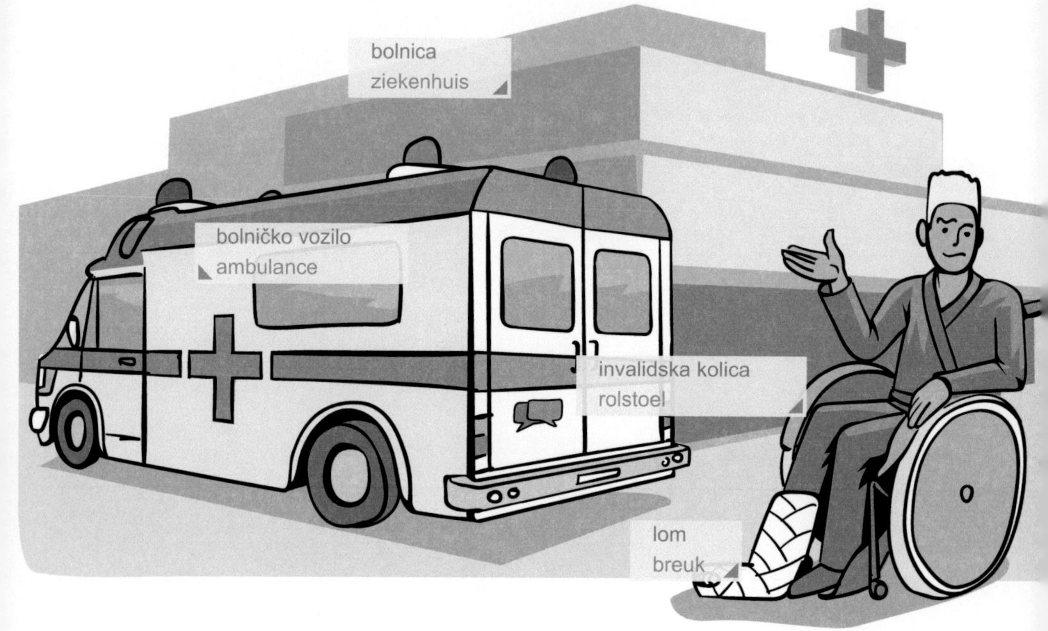

bolnica
ziekenhuis
bolničko vozilo
ambulance
invalidska kolica
rolstoel
lom
breuk

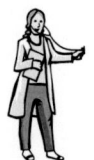

liječnik

dokter

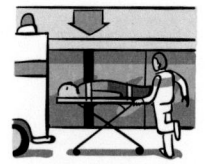

hitna medicinska služba

spoed

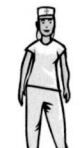

medicinska sestra

verpleegkundige

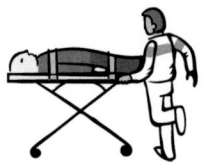

hitni slučaj

noodgeval

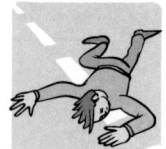

nesvijest

bewusteloos

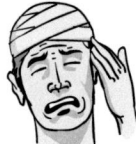

bol

pijn

ozljeda

verwonding

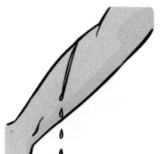

krvarenje

bloeding

srćani infarkt

hartaanval

moždani udar

beroerte

alergija

allergie

kašalj

hoest

groznica

koorts

gripa

griep

proljev

diarree

glavobolja

hoofdpijn

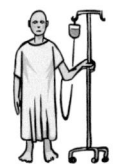

rak

kanker

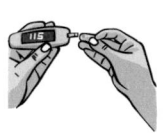

dijabetes

diabetes

kirurg

chirurg

skalpel

scalpel

operacija

operatie

ct
CT

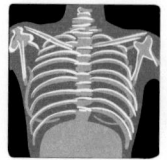

rentgen
röntgenstraal

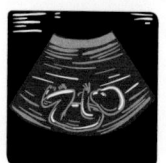

ultrazvuk
ultrageluid

maska
gezichtsmasker

bolest
ziekte

čekaonica
wachtkamer

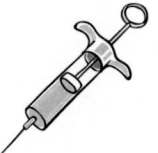

štaka
kruk

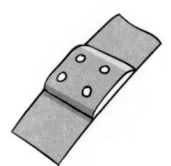

flaster
pleister

zavoj
verband

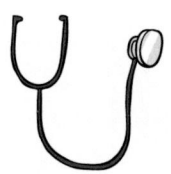

injekcija
injectie

stetoskop
stethoscoop

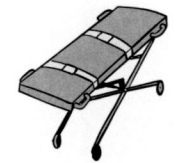

nosilo
brancard

termometar
thermometer

rođenje
geboorte

prekomjerna težina
overgewicht

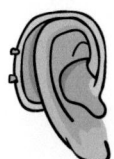

slušni aparat

hoorapparaat

sredstvo za dezinfekciju

ontsmettingsmiddel

infekcija

infectie

virus

virus

hiv / sida

HIV / AIDS

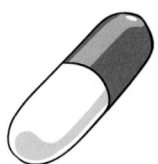

medicina

medicijn

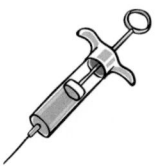

vakcinacija

vaccinatie

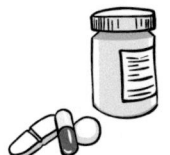

tablete

tabletten

pilula

pil

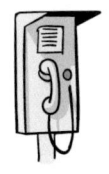

poziv u pomoć

noodoproep

uređaj za mjerenje tlaka

bloeddrukmeter

bolesno / zdravo

ziek / gezond

pomoć!

Help!

alarm

alarm

nasrtaj

overval

napad

aanval

opasnost

gevaar

izlaz za nuždu

nooduitgang

požar!

Brand!

vatrogasni aparat

brandblusser

nezgoda

ongeval

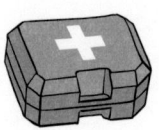

kofer prve pomoći

EHBO-kit

sos

SOS

policija

politie

Europa

Europa

sjeverna amerika

Noord-Amerika

južna amerika

Zuid-Amerika

Afrika

Afrika

Azija

Azië

Australija

Australië

Atlantik

Atlantische Oceaan

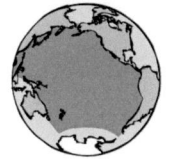

Pacifik

Stille Oceaan

ocean

Indische Oceaan

antarktički ocean

Antarctische Oceaan

arktički ocean

Arctische Oceaan

sjeverni pol

Noordpool

južni pol
Zuidpool

Antarktik
Antarctica

zemlja
aarde

zemlja
land

more
zee

otok
eiland

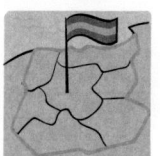

nacija
natie

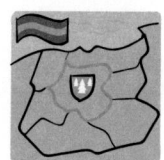

država
staat

brojčanik sata

wijzerplaat

satna kazaljka

uurwijzer

minutna kazaljka

minuutwijzer

sekundna kazaljka

secondewijzer

Koliko je sati?

Hoe laat is het?

dan

dag

vrijeme

tijd

sada

nu

digitalni sat

digitale horloge

minuta

minuut

sat

uur

ponedjeljak
maandag

srijeda
woensdag

petak
vrijdag

utorak
dinsdag

subota
zaterdag

četvrtak
donderdag

nedjelja
zondag

jučer
gisteren

danas
vandaag

sutra
morgen

jutro
ochtend

podne
middag

večer
avond

radni dani
werkdagen

vikend
weekend

kiša
regen

duga
regenboog

vjetar
wind

snijeg
sneeuw

proljeće
lente

ljeto
zomer

jesen
herfst

zima
winter

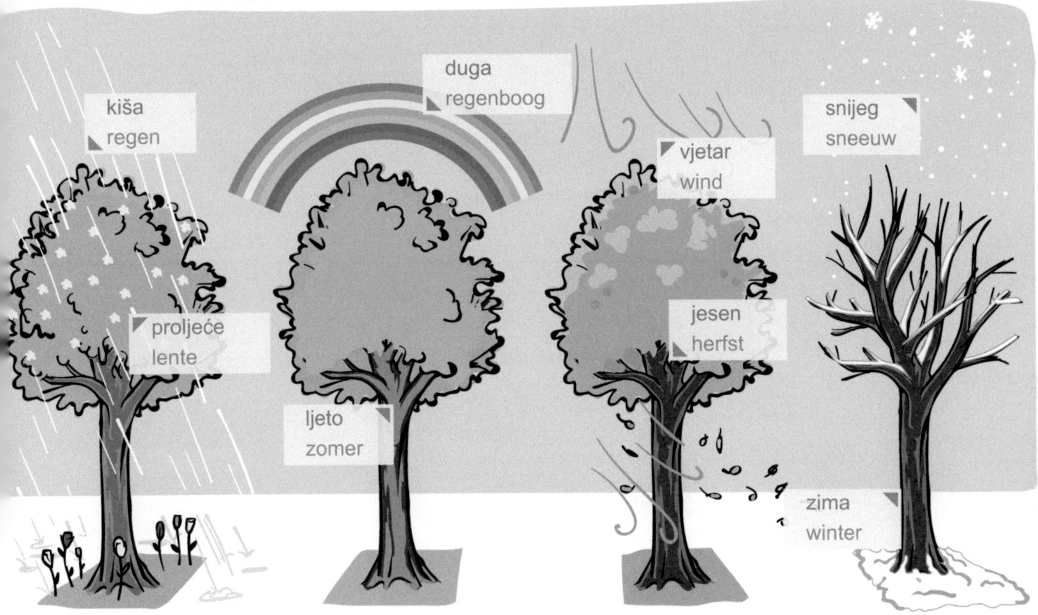

meteorološka prognoza

weervoorspelling

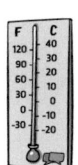

termometar

thermometer

sunčana svjetlost

zonneschijn

oblak

wolk

magla

mist

vlažnost zraka

vochtigheid

munja

bliksem

grmljavina

donder

oluja

storm

tuča

hagel

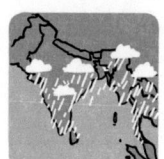

monsun

moesson

poplava

overstroming

led

ijs

siječanj

januari

veljača

februari

ožujak

maart

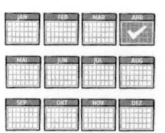

travanj

april

svibanj

mei

lipanj

juni

srpanj

juli

kolovoz

augustus

rujan

september

listopad

oktober

studeni

november

prosinac

december

krug

cirkel

kvadrat

kwadraat

pravokutnik

rechthoek

trokut

driehoek

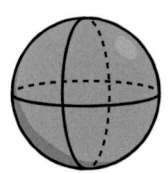

kugla

bol

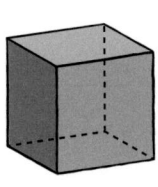

kocka

kubus

bijela

wit

žuta

geel

narančasta

oranje

ružičasta

roze

crvena

rood

ljubičasta

paars

plava

blauw

zelena

groen

smeđa

bruin

siva

grijs

crna

zwart

mnogo / malo

veel / weinig

ljutito / mirno

boos / kalm

lijepo / ružno

mooi / lelijk

početak / kraj

begin / einde

veliko / maleno

groot / klein

svijetlo / tamno

licht / donker

brat / sestra

broer / zus

čisto / prljavo

proper / vuil

potpuno / nepotpuno

volledig / onvolledig

dan / noć

dag / nacht

mrtvo / živo

dood / levend

široko / usko

breed / smal

jestivo / nejestivo

eetbaar / oneetbaar

zlo / dobro

kwaadaardig / vriendelijk

uzbuđeno / dosadno

opgewonden / verveeld

debelo / mršavo

dik / dun

na početku / na kraju

eerst / laatst

prijatelj / neprijatelj

vriend / vijand

puno / prazno

vol / leeg

tvrdo / mekano

hard / zacht

teško / lagano

zwaar / licht

glad / žeđ

honger / dorst

bolesno / zdravo

ziek / gezond

ilegalno / legalno

illegaal / legaal

pametno / glupo

intelligent / dom

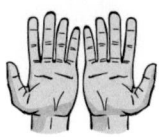

lijevo / desno

links / rechts

blizu / daleko

dichtbij / veraf

novo / rabljeno

nieuw / gebruikt

ništa / nešto

niets / iets

staro / mlado

oud / jong

uključeno / isključeno

aan / uit

otvoreno / zatvoreno

open / dicht

tiho / glasno

stil / luid

bogato / siromašno

rijk / arm

točno / pogrešno

juist / fout

hrapavo / glatko

ruw / glad

tužno / sretno

droevig / blij

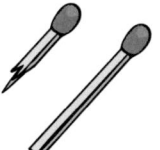

kratko / dugo

kort / lang

polako / brzo

traag / snel

mokro / suho

nat / droog

toplo / hladno

warm / koud

rat / mir

oorlog / vrede

0

nula
nul

1

jedan
één

2

dva
twee

3

tri
drie

4

četiri
vier

5

pet
vijf

6

šest
zes

7

sedam
zeven

8

osam
acht

9

devet
negen

10

deset
tien

11

jedanaest
elf

12	**13**	**14**
dvanaest	trinaest	četrnaest
twaalf	dertien	veertien

15	**16**	**17**
petnaest	šestnaest	sedamnaest
vijftien	zestien	zeventien

18	**19**	**20**
osamnaest	devetnaest	dvadeset
achtien	negentien	twintig

100	**1.000**	**1.000.000**
stotinu	tisuću	milijun
honderd	duizend	miljoen

brojevi - cijfers

engleski

Engels

američko engleski

Amerikaans Engels

kinesko mandarinski

Chinees (Mandarijn)

hindi

Hindi

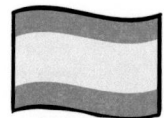

španjolski

Spaans

francuski

Frans

arapski

Arabisch

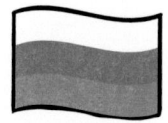

ruski

Russisch

portugalski

Portugees

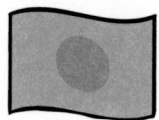

bengalski

Bengali

njemački

Duits

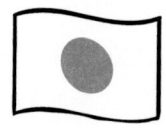

japanski

Japans

ja
ik

ti
u

on / ona / ono
hij / zij / het

mi
wij

vi
u

oni
ze

tko?
wie?

što?
wat?

kako?
hoe?

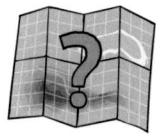

gdje?
waar?

kada?
wanneer?

ime
naam

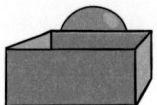

iza

achter

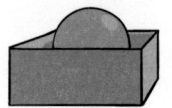

u

in

ispred

voor

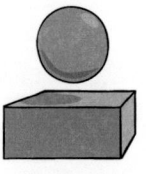

preko

boven

na

op

ispod

onder

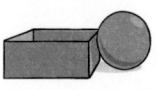

pored

naast

između

tussen

mjesto

plaats